华语阅读金字塔·**12**级
Sinolingua Reading Tree Level 12

② **中式教育在英国**
Chinese-style Education in the UK

Victor Siye Bao（鲍思冶） 曾凡静 编著
卢 敏 翻译
王点意绘图工作室 绘画

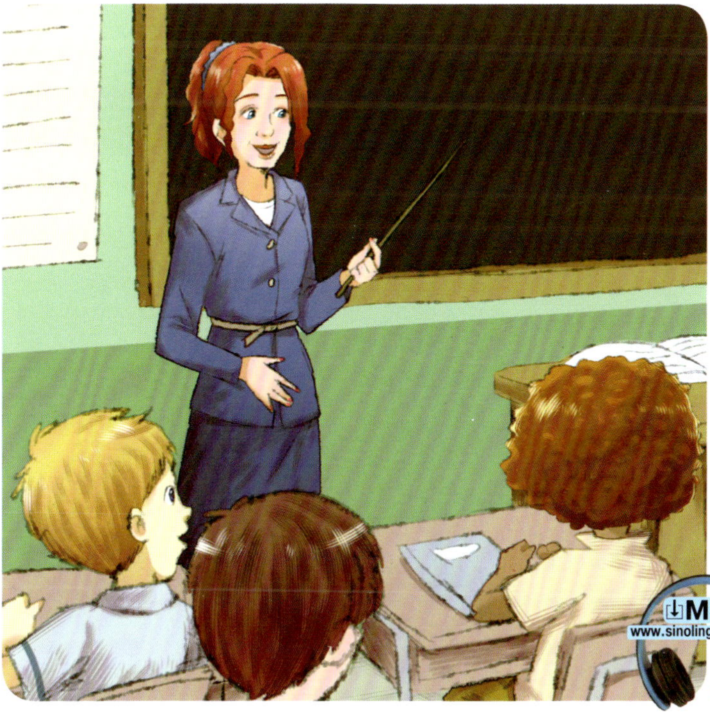

最近,老师给我们推荐了一部BBC(英国广播公司)的纪录片叫《中国学校》,一共三集,说的是英国一个顶尖的综合学校从中国请来五位老师,选了五十个九年级的学生组成一个新的班,让中国来的老师用四周时间教学生们科学、数学、英文、中文和体育。

看了纪录片的同学都觉得不可思议,因为之前我们对中国的教育方式了解得实在太少了。

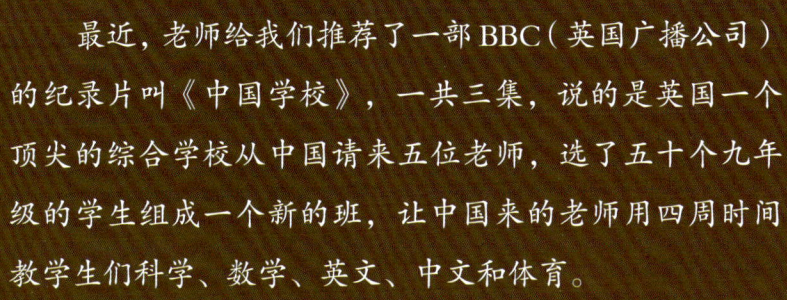

这不，机会很快就来了，学校组织我们去中国的姐妹学校参观一个星期。

去中国之前，我们都在网上查了很多关于中国教育方式方面的资料。

在课间休息时,艾丽和贾斯丁坐在学校的餐厅里,一边喝果汁,一边聊天。

艾丽说:"你看老师推荐的 BBC 那部关于中国和英国教育的纪录片了吗?太让人震撼了。"

贾斯丁说:"当然看了,那五位从中国请来的老师使用的完全是中国的教学方式。他们那儿一个班常常有五十多个学生,只有一个老师授课,老师还特别强调纪律,上课期间所有学生都一定要遵守纪律。"

艾丽说："是啊，咱们班才二十个学生，而且除了一个班主任老师以外还有一个助教呢。想一想，咱们英国的教学配备还挺不错的。"

贾斯丁说:"我还发现片中的中国老师上课的时候自己讲得特别多,只是偶尔提问一下学生。老师基本上把学生可能会有问题的知识点都在课堂上讲到了。老师还布置超多作业,让学生们回家做。"

"是啊,跟咱们老师不同,咱们老师讲得很少,主要让咱们自己探究问题的原因,学生探究完后,提交自己的作业成果,老师给出适当的建议或评价。"艾丽提议,"咱们两个都对中国教育这么感兴趣,要不咱们俩做个研究吧。"就这样艾丽和贾斯丁决定一起做中国和英国教育异同的调研活动。

两个人先把要调研哪些方面列出一个表格，包括班级人数、课堂管理、教学科目、课堂活动、作业情况、考试种类等。

通过研究他们发现：中国的教育体系是从六岁开始上小学，小学六年，初中三年，高中三年；如果想上大学，必须参加高考，成绩通过后，才可以进入大学学习。

英国的入学年龄和中国差不多,只是英国没有高考,你只需要拿着A-level的考试成绩,申请自己想上的大学,看哪家大学可以录取你。

两国的教学科目也有一些不一样,比如:在中国,语文、数学、英文三门是很重要的科目;而在英国,英文、历史、数学、科学四门是很重要的科目。

在中国，孩子们从小学就开始学习英文，所以拿同龄人相比，中国的学生英文水平比英国学生的中文水平要好多了。

还有，中国的学生数学也普遍比英国的学生好。幸运的是，现在在英国，越来越多的学生开始学中文，而且英国的学生数学也进步了不少。

和在英国不同，因为中国的高考竞争太激烈了，所以学生们很少花时间参加课外活动，放学以后，他们就要赶紧回家做功课、复习，还有很多人要上各种各样的补习班。

另外不得不提的还有，中国的考试六十分才算及格，也就是说在中国，一份一百分的卷子，学生需要得到六十分才算及格，得五十九分就算不及格了。而在英国……就不说了吧，差别还是挺大的。

当艾丽和贾斯丁把他们的调研结果拿给老师看时,老师给了他们很高的评价,同时还给他们出了另外一个难题,"你们对两国教育的异同有什么自己的观点?"

"这还是等我们从中国回来以后再告诉您吧!"他们俩异口同声地说。

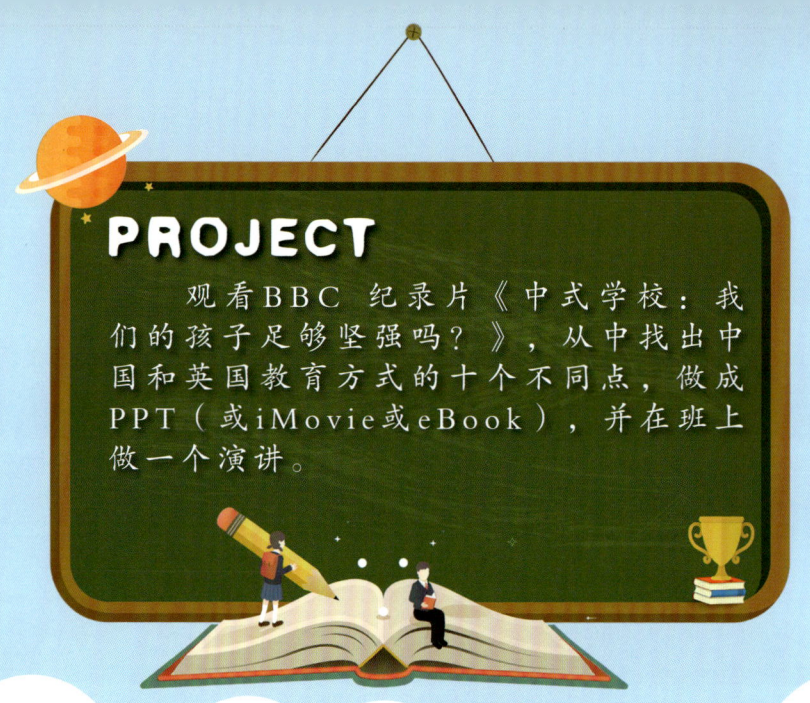

PROJECT

观看BBC 纪录片《中式学校：我们的孩子足够坚强吗？》，从中找出中国和英国教育方式的十个不同点，做成PPT（或iMovie或eBook），并在班上做一个演讲。

 **练习1** 根据故事内容及你搜到的资料写一写

中国教育的特点	西方教育的特点	你们国家教育的特点

相同 / 相似之处：_____

不同之处：_____

原因：_____

让你最吃惊的是：_____

练习2 做一做

在中国，高考是非常重要的考试。请你搜集相关的资料，将中国高考与你们国家的大学入学考试进行比较，然后做一个PPT（或iMovie或eBook），跟同学们谈一谈你对中国高考的看法。

练习3 写一写

假设你是故事中的贾斯丁，今年你作为交换生去中国的学校学习了一个学期。请你给没去中国学习的同学们写一封电邮，告诉他们你在中国学习的经历。

练习 4 完成句子填空，然后根据故事排出正确顺序

| 推荐 | 参观 | 查了 | 餐厅 | 异同 | 震撼 | 强调 |
| 探究 | 提议 | 配备 | 偶尔 | 调研 | 发现 | 异口同声 |

（　）最近，老师给我们 _____ 了一部BBC（英国广播公司）的纪录片叫《中国学校》，一共三集。看了纪录片的同学都觉得不可思议，因为之前我们对中国的教育方式了解得实在太少了。

（　）"这还是等我们从中国回来以后再告诉您吧！"他们俩 _____ 地说。

（　）通过研究他们 _____：中国的教育体系是从六岁开始上小学，小学六年，初中三年，高中三年；如果想上大学，必须参加高考，成绩通过后，才可以进入大学学习。

（　）艾丽 _____，"咱们两个都对中国教育这么感兴趣，要不咱俩做个研究吧。"就这样艾丽和贾斯丁决定一起做中国和英国教育异同的调研活动。

（　）在课间休息时，艾丽和贾斯丁坐在学校的 _____ 里，一边喝果汁，一边聊天。

（　）贾斯丁说："当然看了，中国学校一个班常常有五十多个学生，只有一个老师授课，老师还特别 _____ 纪律，上课期间所有学生都一定要遵守纪律。"

（　）机会很快就来了，学校组织我们去中国的姐妹学校 _____ 一个星期。

（　）两个人先把要 _____ 哪些方面列出一个表格，包括班级人数、课堂管理、教学科目、课堂活动、作业情况、考试种类等。

（　）艾丽说："是啊，咱们班才二十个学生，而且除了一个主班任老师以外还有一个助教呢。想一想，咱们英国的教学 _____ 还挺不错的。"

（　）"是啊，跟咱们老师不同，咱们老师讲得很少，主要让咱们自己（　）问题的原因，学生探究完后，提交自己的作业成果，老师给出适当的建议或评价。"

（　）去中国之前，我们都在网上 _____ 很多关于中国教育方式方面的资料。

（　）当艾丽和贾斯丁把他们的调研结果拿给老师看时，老师给了他们很高的评价，同时还给他们出了另外一个难题，"你们对两国教育的 _____ 有什么自己的观点？"

（　）艾丽说："你看老师推荐的那部关于中国和英国教育的纪录片了吗？太让人 _____ 了。"

（　）贾斯丁说："我还发现片中的中国老师上课的时候自己讲得特别多，只是 _____ 提问一下学生。老师基本上把学生可能会有问题的知识点都在课堂上讲到了。老师还布置超多作业，让学生们回家做。"

推荐	顶尖
tuījiàn / recommend	dǐngjiān / top
综合	不可思议
zōnghé / comprehensive	bùkě-sīyì / incredible
强调	遵守
qiángdiào / emphasize	zūnshǒu / observe
激烈	异口同声
jīliè / fierce	yìkǒu-tóngshēng / speak in unison

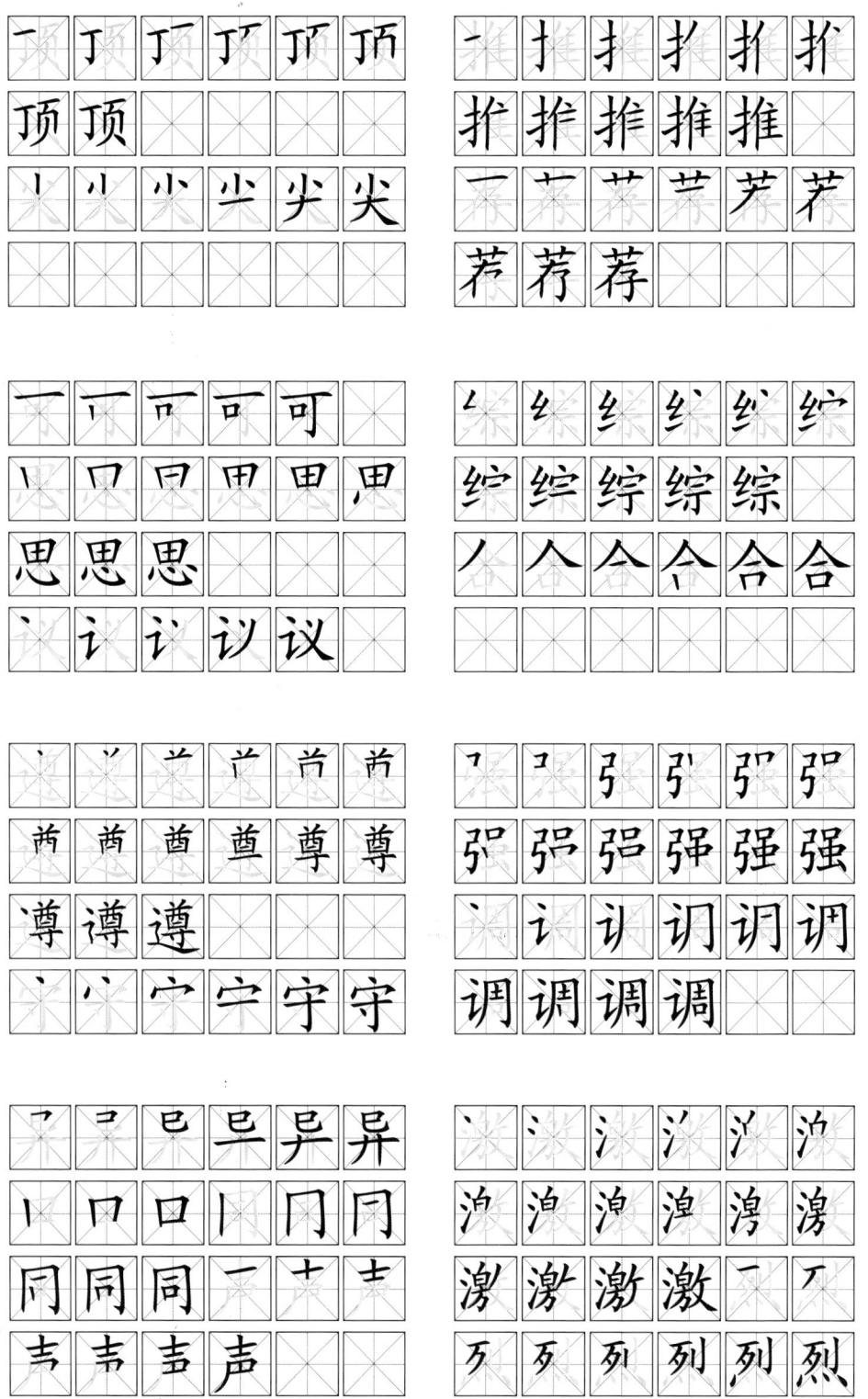

词汇表 Vocabulary

推荐	tuījiàn	recommend
顶尖	dǐngjiān	top
综合	zōnghé	comprehensive
不可思议	bùkě-sīyì	incredible
震撼	zhènhàn	amazing
强调	qiángdiào	emphasize
遵守	zūnshǒu	observe
配备	pèibèi	equip
偶尔	ǒu'ěr	occasionally
布置	bùzhì	give; assign
探究	tànjiū	explore
评价	píngjià	comment
调研	diàoyán	research
激烈	jīliè	fierce
难题	nántí	difficult problem
异口同声	yìkǒu-tóngshēng	speak in unison

用拼音读一读
Pinyin Version

Zuìjìn, lǎoshī gěi wǒmen tuījiànle yí bù BBC(Yīngguó guǎngbō gōngsī) de jìlùpiàn jiào 《Zhōngguó Xuéxiào》, yígòng sān jí, shuō de shì Yīngguó yí gè dǐngjiān de zōnghé xuéxiào cóng Zhōngguó qǐnglái wǔ wèi lǎoshī, xuǎnle wǔshí gè jiǔ niánjí de xuéshēng zǔchéng yí gè xīn de bān, ràng Zhōngguó lái de lǎoshī yòng sì zhōu shíjiān jiāo xuéshēngmen kēxué, shùxué, Yīngwén, Zhōngwén hé tǐyù.

Kànle jìlùpiàn de tóngxué dōu juéde bùkě-sīyì, yīnwèi zhīqián wǒmen duì Zhōngguó de jiàoyù fāngshì liǎojiě de shízài tài shǎo le.

Zhè bù, jīhuì hěn kuài jiù lái le, xuéxiào zǔzhī wǒmen qù Zhōngguó de jiěmèi xuéxiào cānguān yí gè xīngqī.

Qù Zhōngguó zhīqián, wǒmen dōu zài wǎng shang chále hěn duō guānyú Zhōngguó jiàoyù fāngshì fāngmiàn de zīliào.

Zài kèjiān xiūxi shí, Àilì hé Jiǎsīdīng zuò zài xuéxiào de cāntīng li, yìbiān hē guǒzhī, yìbiān liáotiān.

Àilì shuō: "Nǐ kàn lǎoshī tuījiàn de BBC nà bù guānyú Zhōngguó hé Yīngguó jiàoyù de jìlùpiàn le ma? Tài ràng rén zhènhàn le."

Jiǎsīdīng shuō: "Dāngrán kàn le, nà wǔ wèi cóng Zhōngguó qǐnglái de lǎoshī shǐyòng de wánquán shì Zhōngguó de jiàoxué fāngshì. Tāmen nàr yí gè bān chángcháng yǒu wǔshí duō gè xuéshēng, zhǐ yǒu yí gè lǎoshī shòukè, lǎoshī hái tèbié qiángdiào jìlù, shàngkè qījiān suǒyǒu xuéshēng dōu yídìng yào zūnshǒu jìlù."

Àilì shuō: "Shì a, zánmenbān cái èrshí gè xuéshēng, érqiě chúle yí gè bānzhǔrèn lǎoshī yǐwài hái yǒu yí gè zhùjiào ne. Xiǎng yi xiǎng, zánmen Yīngguó de jiàoxué pèibèi hái tǐng búcuò de."

Jiǎsīdīng shuō: "Wǒ hái fāxiàn piàn zhōng de Zhōngguó lǎoshī shàngkè de shíhou zìjǐ jiǎng de tèbié duō, zhǐshì ǒu'ěr tíwèn yíxià xuéshēng. Lǎoshī jīběnshang bǎ xuéshēng kěnéng huì yǒu wèntí de zhī shidiǎn dōu zài kètáng shang jiǎngdào le. Lǎoshī hái bùzhì chāo duō zuòyè, ràng xuéshēngmen huíjiā zuò."

"Shì a, gēn zánmen lǎoshī bùtóng, zánmen lǎoshī jiǎng de hěn shǎo, zhǔyào ràng zánmen zìjǐ tànjiū wèntí de yuányīn, xuéshēng tànjiū wán hòu, tíjiāo zìjǐ de zuòyè chéngguǒ, lǎoshī gěichū shìdàng de jiànyì huò píngjià." Àilì tíyì, "Zánmen liǎng gè dōu duì Zhōngguó jiàoyù zhème gǎn xìngqù, yàobù zánmen liǎ zuò gè yánjiū ba." Jiù zhèyàng Àilì hé Jiǎsīdīng juédìng yìqǐ zuò Zhōngguó hé Yīngguó jiàoyù yìtóng de diàoyán huódòng.

Liǎng gè rén xiān bǎ yào diàoyán nǎxiē fāngmiàn lièchū yí gè biǎogé, bāokuò bānjí rénshù, kètáng guǎnlǐ, jiàoxué kēmù, kètáng huódòng, zuòyè qíngkuàng, kǎoshì zhǒnglèi děng.

　　Tōngguò yánjiū tāmen fāxiàn: Zhōngguó de jiàoyù tǐxì shì cóng liù suì kāishǐ shàng xiǎoxué, xiǎoxué liù nián, chūzhōng sān nián, gāozhōng sān nián; Rúguǒ xiǎngshàng dàxué, bìxū cānjiā gāokǎo, chéngjì tōngguò hòu, cái kěyǐ jìnrù dàxué xuéxí.

　　Yīngguó de rùxué niánlíng hé Zhōngguó chàbuduō, zhǐshì Yīngguó méiyǒu gāokǎo, nǐ zhǐ xūyào názhe A-level de kǎoshì chéngjì, shēnqǐng zìjǐ xiǎngshàng de dàxué, kàn nǎ jiā dàxué kěyǐ lùqǔ nǐ.

　　Liǎng guó de jiàoxué kēmù yě yǒu yìxiē bù yíyàng, bǐrú: Zài Zhōngguó, yǔwén, shùxué, Yīngwén sān mén shì hěn zhòngyào de kēmù; ér zài Yīngguó, Yīngwén, lìshǐ, shùxué, kēxué sì mén shì hěn zhòngyào de kēmù.

　　Zài Zhōngguó, háizimen cóng xiǎoxué jiù kāishǐ xuéxí Yīngwén, suǒyǐ ná tónglíngrén xiāngbǐ, Zhōngguó de xuéshēng Yīngwén shuǐpíng bǐ Yīngguó xuéshēng de Zhōngwén shuǐpíng yào hǎo duō le.

　　Hái yǒu, Zhōngguó de xuéshēng shùxué yě pǔbiàn bǐ Yīngguó de xuéshēng hǎo. Xìngyùn de shì, xiànzài zài Yīngguó, yuèláiyuè duō de xuéshēng kāishǐ xué Zhōngwén, érqiě Yīngguó de xuéshēng shùxué yě jìnbùle bù shǎo.

　　Hé zài Yīngguó bùtóng, yīnwèi Zhōngguó de gāokǎo jìngzhēng tài jīliè le, suǒyǐ xuéshēngmen hěn shǎo huā shíjiān cānjiā kèwài huódòng, fàngxué yǐhòu, tāmen jiùyào gǎnjǐn huíjiā zuò gōngkè, fùxí, hái yǒu hěn duō rén yào shàng gèzhǒng-gèyàng de bǔxíbān.

　　Lìngwài bù dé bù tí de hái yǒu, Zhōngguó de kǎoshì liùshí fēn cáisuàn jígé, yě jiùshì shuō zài Zhōngguó, yí fèn yìbǎi fēn de juànzi, xuéshēng xūyào dédào liùshí fēn cái suàn jígé, dé wǔshíjiǔ fēn jiùsuàn bù jígé le. Ér zài Yīngguó···jiù bù shuōle ba, chābié háishi tǐng dà de.

　　Dāng Àilì hé Jiǎsīdīng bǎ tāmen de diàoyán jiéguǒ ná gěi lǎoshī kàn shí, lǎoshī gěile tāmen hěn gāo de píngjià, tóngshí huán gěi tāmen chūle lìngwài yí gè nántí, "Nǐmen duì liǎng guó jiàoyù de yìtóng yǒu shénme zìjǐ de guāndiǎn?"

　　"Zhè háishi děng wǒmen cóng Zhōngguó huílái yǐhòu zài gàosu nín ba!" Tāmen liǎ yìkǒu-tóngshēng de shuō.

用中文读一读
Chinese Version

最近，老师给我们推荐了一部BBC（英国广播公司）的纪录片叫《中国学校》，一共三集，说的是英国一个顶尖的综合学校从中国请来五位老师，选了五十个九年级的学生组成一个新的班，让中国来的老师用四周时间教学生们科学、数学、英文、中文和体育。

看了纪录片的同学都觉得不可思议，因为之前我们对中国的教育方式了解得实在太少了。

这不，机会很快就来了，学校组织我们去中国的姐妹学校参观一个星期。去中国之前，我们都在网上查了很多关于中国教育方式方面的资料。

在课间休息时，艾丽和贾斯丁坐在学校的餐厅里，一边喝果汁，一边聊天。

艾丽说："你看老师推荐的BBC那部关于中国和英国教育的纪录片了吗？太让人震撼了。"

贾斯丁说："当然看了，那五位从中国请来的老师使用的完全是中国的教学方式。他们那儿一个班常常有五十多个学生，只有一个老师授课，老师还特别强调纪律，上课期间所有学生都一定要遵守纪律。"

艾丽说："是啊，咱们班才二十个学生，而且除了一个班主任老师以外还有一个助教呢。想一想，咱们英国的教学配备还挺不错的。"

贾斯丁说："我还发现片中的中国老师上课的时候自己讲得特别多，只是偶尔提问一下学生。老师基本上把学生可能会有问题的知识点都在课堂上讲到了。老师还布置超多作业，让学生们回家做。"

"是啊，跟咱们老师不同，咱们老师讲得很少，主要让咱们自己探究问题的原因，学生探究完后，提交自己的作业成果，老师给出适当的建议或评价。"艾丽提议，"咱们两个都对中国教育这么感兴趣，要不咱们俩做个研究吧。"就这样艾丽和贾斯丁决定一起做中国和英国教育异同的调研活动。

两个人先把要调研哪些方面列出一个表格，包括班级人数、课堂管理、教学科目、课堂活动、作业情况、考试种类等。

通过研究他们发现：中国的教育体系是从六岁开始上小学，小学六年，初中三年，高中三年；如果想上大学，必须参加高考，成绩通过后，才可以进入大学学习。

英国的入学年龄和中国差不多，只是英国没有高考，你只需要拿着A-level 的考试成绩，申请自己想上的大学，看哪家大学可以录取你。

两国的教学科目也有一些不一样，比如：在中国，语文、数学、英文三门是很重要的科目；而在英国，英文、历史、数学、科学四门是很重要的科目。

在中国，孩子们从小学就开始学习英文，所以拿同龄人相比，中国的学生英文水平比英国学生的中文水平要好多了。

还有，中国的学生数学也普遍比英国的学生好。幸运的是，现在在英国，越来越多的学生开始学中文，而且英国的学生数学也进步了不少。

和在英国不同，因为中国的高考竞争太激烈了，所以学生们很少花时间参加课外活动，放学以后，他们就要赶紧回家做功课、复习，还有很多人要上各种各样的补习班。

另外不得不提的还有，中国的考试六十分才算及格，也就是说在中国，一份一百分的卷子，学生需要得到六十分才算及格，得五十九分就算不及格了。而在英国……就不说了吧，差别还是挺大的。

当艾丽和贾斯丁把他们的调研结果拿给老师看时，老师给了他们很高的评价，同时还给他们出了另外一个难题，"你们对两国教育的异同有什么自己的观点？"

"这还是等我们从中国回来以后再告诉您吧！"他们俩异口同声地说。

用英文读一读
English Version

Recently, our teacher recommended to us a BBC three-episode documentary entitled *Are Our Kids Tough Enough? Chinese School* about a top comprehensive school in the UK which invited five Chinese teachers to teach fifty British ninth grade students in a new class. The Chinese teachers spent four weeks teaching the students science, maths, English, Chinese and physical education.

Those who watched the documentary thought it was incredible because we didn't know much about Chinese educational methods before.

Not long afterwards, an opportunity arrived in which our school organised a visit to a sister school in China for a week.

Before leaving, we researched a lot of information on the internet about Chinese educational methods.

During a break one day, Ellie and Justin sat in the school's cafeteria chatting while drinking juice.

Ellie said, "Did you see the BBC documentary on Chinese and British education recommended by our teacher? It was astonishing."

"Yes, I did," said Justin. "The five teachers from China only use Chinese teaching methods. In China, there can be more than fifty Chinese students in a class with only one teacher, so the Chinese teachers must emphasize discipline, and all the students must observe discipline during class."

Then Ellie said, "Yes, there are only twenty students in our class and we have a teacher and a teaching assistant. Actually, our English schools are better equipped."

Justin said, "I also thought that the Chinese teachers in the documentary spent more time giving instructions in class and only occasionally asked the students questions. They basically impart knowledge to the students to help them solve the problems. They also give the students a lot of homework."

"Yes, indeed," said Ellie. "Our teachers give less instruction and mainly let us explore ways to solve the problems ourselves, and come to our own conclusions. We submit these as assignments, and they offer suggestions or comments." Then Ellie suggested, "Since both of us are so interested in Chinese education, maybe we should do some research." They decided to work together and research the similarities and differences in Chinese and British education.

The two students made a list of items to investigate, including class size and management, teaching subjects, classroom activities, assignments, examination types, etc.

Through research they found that in the Chinese educational system, Chinese students begin to study in primary schools at the age of six. They spend six years in primary school, three years in junior secondary school, and three years in senior secondary school. If they want to go to college, they must take the national college entrance examination.

The school age in the UK is about the same as that in China, but there is no national college entrance examination in the UK. British students only use their A-level test scores to apply to universities for admission.

There are also some differences in the teaching subjects of the two countries. In China for example, three important subjects are Chinese, mathematics, and English. In the UK, the four important subjects are English, history, mathematics, and science.

Chinese students learn English in primary schools, so their English level is much higher than the Chinese level of their British peers.

Moreover, Chinese students are generally better at mathematics than British students. Fortunately, now in the UK, more and more students are beginning to learn Chinese, and British students have made great progress in mathematics.

However, because the competition to achieve a high score on China's national college entrance examination is so fierce, Chinese students spend less time participating in extracurricular activities. After school, they will hurriedly return home to do their homework and review their lessons. Also, many Chinese students will take various extra classes.

Another thing worth noting is that 60 points on an examination in China is considered a passing score. That is to say, on a 100-point paper a student must get 60 points to pass, and 59 points is considered a fail. In the UK, needless to say, the difference is quite big.

When Ellie and Justin showed their research results to their teacher, she commended them and at the same time gave them another tough nut to crack: "What are your own views on the similarities and differences in the education of the two countries?" "We will tell you our views after we return from China," they said in unison.

❶ Level Chinese 在做什么

Level Chinese致力于为幼儿园、小学及初高中的汉语学习者提供精准的汉语阅读分级服务，其开发的汉语水平分级框架根据语法、词汇量和阅读技能等要素，将汉语水平分为20个级别。

Level Chinese目前可提供的服务有：

1. 在线评估和数据分析服务。学生可通过在线平台测试自己的汉语水平，系统可提供即时数据，方便教师清晰地了解和准确地评估每名学生的汉语阅读水平及进展。

2. 中文图书分级服务。根据Level Chinese开发的20个级别的汉语水平分级框架为文学类和非文学类中文图书进行分级（其中包括"华语阅读金字塔"汉语分级阅读系列全部图书及华语教学出版社出版的多套汉语分级阅读系列丛书），便于学生根据自身水平选择阅读书单。

3. 配套阅读理解练习。为所有已分级的图书提供配套的阅读理解练习（worksheet，见右图），帮助学生在阅读的同时进一步巩固所学的语法知识和阅读技巧。

worksheet

❷ Level Chinese与ACTFL分级对照表

Level Chinese	ACTFL	Level Chinese	ACTFL	Level Chinese	ACTFL
A	Novice Low	H	Intermediate Low	O	Intermediate High
B	Novice Mid	I	Intermediate Mid	P	Advanced Low
C	Novice Mid	J	Intermediate Mid	Q	Advanced Low
D	Novice High	K	Intermediate Mid	R	Advanced Low
E	Novice High	L	Intermediate High	S	Advanced Low
F	Intermediate Low	M	Intermediate High	T	Advanced Low
G	Intermediate Low	N	Intermediate High		

❸ 本故事级别为 Level Chinese L

Level Chinese L：此级别图书包含绘本书和无图文本，每本30~60个句子，大部分句子是25个字左右的较长句子。L级图书以非重复性复合句为主，可能包含多个短段落，可能包含细节描写或表达观点的句子，可能包含多种修辞方法。L级图书所用词语包含部分高频词和部分书面语。图书部分内容可能超出日常生活。此级别图书的图画可能包含更多细节。

华语阅读金字塔
Sinolingua Reading Tree
12级 Level 12

"华语阅读金字塔"系列针对幼儿园、小学至中学以英语为母语的汉语学习者或国际学校的汉英双语学习者。全系列分为预备级、1~12级，共13个级别。预备级适合幼儿园阶段亲子阅读；1~12级词汇及语言难度螺旋上升，适合小学至中学阶段的学生学习。本系列根据IB中的PYP、MYP和DP ab initio教学话题，参照YCT、IGCSE、IB和AP等国际通行的中文考试大纲词汇，以及国际学校中比较流行的教材里的词汇进行编写。书中配有涉及听说读写的有趣练习和精心设计的探究项目（project），力求引导学生在探索中吸收与语言和文化有关的知识。本系列还提供配套音频和电子书，12级有如下10本。

The Sinolingua Reading Tree series is a collection of Chinese levelled readers aimed at kindergarten through secondary school-aged students who are native English speakers or who are studying at Chinese-English bilingual international schools. This series is divided into 13 levels, ranging from a starter level to more advanced levels. The starter level is intended for parent-child reading for kindergarten-aged children while the other 12 levels are suitable for primary and secondary school students. The series covers topics from the Primary Years Programme (PYP), Middle Years Programme (MYP) and the ab initio of the Diploma Programme (DP) established by the International Baccalaureate (IB). It is compiled with the use of the vocabulary listed in the syllabi of international Chinese language tests, such as the Youth Chinese Test (YCT), International General Certificate of Secondary Education (IGCSE), IB and Advanced Placement Programme (AP) as well as vocabulary in popular textbooks adopted by international schools. Each volume, complete with audio material and an e-book, is accompanied by exercises and a research project that aims to guide students in learning Chinese language and culture through exploration. Volumes 1-10 of Level Twelve of the series are listed below.

www.sinolingua.com.cn   Email: hyjx@sinolingua.com.cn   Tel: (86) 10 - 68320585 68997826

出版策划：王君校　韩　晖
统筹协调：付　眉　韩　颖　彭　博
项目策划：陆　瑜
责任编辑：陆　瑜
英文编辑：卢　敏
封面设计：张　颖
绘　　画：王点意绘图工作室 |手机:13486835791
　　　　　　　　　　　　　QQ:745126139

图书在版编目（CIP）数据

中式教育在英国 : 汉英对照 / 鲍思冶, 曾凡静编著. — 北京 : 华语教学出版社, 2021.1
（华语阅读金字塔.12级；2）
ISBN 978-7-5138-2052-3

Ⅰ.①中… Ⅱ.①鲍…②曾… Ⅲ.①汉语 - 对外汉语教学 - 语言读物 Ⅳ.①H195.5

中国版本图书馆CIP数据核字(2020)第264145号

华语阅读金字塔·12级②中式教育在英国
Victor Siye Bao（鲍思冶）　曾凡静 编著
卢　敏　翻译
*
© 华语教学出版社有限责任公司
华语教学出版社有限责任公司出版
（中国北京百万庄大街24号　邮政编码100037）
北京玺诚印务有限公司印刷
2021 年（32开）第 1 版
2021 年第 1 版第 1 次印刷
（汉英）
ISBN 978-7-5138-2052-3

001990

First Edition 2021
First Printing 2021

Copyright 2021 by Sinolingua Co., Ltd
Published by Sinolingua Co., Ltd
24 Baiwanzhuang Street, Beijing 100037, China
Tel: (86) 10-68320585 68997826
Fax: (86) 10-68997826 68326333
http://www.sinolingua.com.cn
E-mail: hyjx@sinolingua.com.cn
Facebook: www.facebook.com/sinolingua

Printed in the People's Republic of China